Favorite German Art Songs
Volume 2

Low Voice

Martha Gerhart, Translations and International Phonetic Alphabet

Cover painting: W.L. Riefstahl, *A Wedding Procession in the Bavarian Tyrol*

ISBN 1-4234-1222-2

HAL•LEONARD®
CORPORATION
7777 W. BLUEMOUND RD. P.O. BOX 13819 MILWAUKEE, WI 53213

In Australia Contact:
Hal Leonard Australia Pty. Ltd.
4 Lentara Court
Cheltenham, Victoria, 3192 Australia
Email: ausadmin@halleonard.com

Visit Hal Leonard Online at
www.halleonard.com

CD Contents

Laura Ward, pianist
Elisabeth Witte, native German speaker

Ich liebe dich

1 Recitation
2 Pronunciation
3 Accompaniment

Vergebliches Ständchen

4 Recitation
5 Pronunciation
6 Accompaniment

Mondnacht

7 Recitation
8 Pronunciation
9 Accompaniment

Für Musik

10 Recitation
11 Pronunciation
12 Accompaniment

Das Veilchen

13 Recitation
14 Pronunciation
15 Accompaniment

Rastlose Liebe

16 Recitation
17 Pronunciation
18 Accompaniment

Abendstern

19 Recitation
20 Pronunciation
21 Accompaniment

Seligkeit

22 Recitation
23 Pronunciation
24 Accompaniment

Die Lotosblume

25 Recitation
26 Pronunciation
27 Accompaniment

In der Fremde

28 Recitation
29 Pronunciation
30 Accompaniment

Liebst du um Schönheit

31 Recitation
32 Pronunciation
33 Accompaniment

Breit' über mein Haupt

34 Recitation
35 Pronunciation
36 Accompaniment

Contents

A GUIDE TO GERMAN PRONUNCIATION IN SINGING:

The International Phonetic Alphabet (IPA) symbols used in this book

The Vowels

symbol	equivalent in English	description
[ɑː]	as in "father"	long (or "dark") "a"
[a]	similar to the first element in "ice"	short (or "bright") "a"
[eː]	no equivalent; similar to the first element in "gate"	long and closed "e" : [iː] in the [ɛ] position
[e]	as [eː], but	short and closed "e" when in *articles*
[ɛ]	as in "bet"	short and open "e"
[ɛː]	as in the first element of "may"	long sound of "ä"
[ə]	approximately as in "approve"	neutral sound (the "schwa"): slightly darker than [ɛ]; appears only in unstressed syllables
[iː]	as in "feet"	long and closed "i"
[i]	as [iː], but	short and closed "i" when in *articles*
[ɪ]	as in "bit"	short and open "i"
[oː]	no equivalent; approximately as in "boat	long and closed "o"
[ɔ]	as in "ought"	short and open "o"
[uː]	as in "blue"	long and closed "u"
[ʊ]	as in "put"	short and open "u"
[yː]	no equivalent	"y" or "ü" : long and closed; [iː] with the lips rounded
[Y]	no equivalent	"y" : short and open; [ɪ] with the lips rounded
[ø]	no equivalent	"ö" : long and closed; [eː] with the lips rounded
[œ]	as in "girl" without the "rl"	"ö" : short and open; [ɛ] with the lips rounded

The Diphthongs

[ɑo]	similar to "house" in English
[ae]	similar to "mine" in English
[ɔø]	similar to "hoist" in English

Diphthongs are transliterated with a slur over them (example: a͡e)

The Consonants

[b]	bad	becomes unvoiced [p] at the end of a word or word element
[d]	door	becomes unvoiced [t] at the end of a word or word element
[f]	fine	also the sound of "v" in some words
[g]	go	becomes unvoiced [k] at the end of a word or word element
[ʒ]	vision	also the sound of initial "j" in words of French origin
[h]	hand	pronounced at the beginning of a word or word element
[j]	yes	except when pronounced [ʒ] (see above)
[k]	kite	also the sound of "g" at the end of a word or word element

[l]	l̲it	
[m]	m̲ine	
[n]	n̲o	
[ŋ]	si̲n̲g	
[p]	p̲ass	see also [b], above
[r]	no equivalent	flipped (or occasionally rolled, for dramatic reasons) "r" *
[ʁ]	no equivalent	a variant of [ə], to be used judiciously at the end of words such as "der," "mir," and etc., depending on the context **
[s]	si̲n̲g	before a consonant (except for the initial combinations "sp" and "st") and at the end of a word or word element; also the sound of "β," called the "Eszett," recently declared antiquated in German spelling.
[ʃ]	sh̲oe	in the single element "sch"; also in the combination [tʃ], pronounced as in ch̲eese
[t]	t̲ip	see also [d], above
[v]	v̲ase, or f̲eel	depending on various word origins
[w]	v̲et	
[z]	bit̲s̲	but pronounced as [z] when before a vowel and in some other circumstances; also, the sound of "s" in many words
[ç]	no equivalent	the "ich laut": following a "front vowel" or a consonant
[χ]	no equivalent	the "ach laut": following a "back vowel"

*The "guttural 'r'" used in German conversation and popular song is not appropriate in art song and opera. Classical singers should flip or markedly roll the German "r" with the tongue at the front of the mouth.

**While recommended use is reflected in the transliterations in this book, the singer is always "correct" to use the [r] by choice.

Diacritical Marks

[:]	following a vowel =	that vowel is long
[']	preceding a syllable =	the following syllable has the primary stress
[ˌ]	preceding a syllable =	the following syllable has the secondary stress

These transliterations do not include the diacritical marking indicating a "glottal stroke" – a new "attack" of articulation on the following vowel – provided in some sources as the symbol [|].
(example: ganz allein = [gantsla ˈla͡en], not [gant sa ˈla͡en])
While many instances of the need for a "glottal stroke" will be obvious to the singer, guided by coaches and teachers, other instances are variable, and the practice should not be overdone.

As an additional aid for the user, syllables in the words have been separated by spaces.

Ich liebe dich
I Love You

music by Ludwig van Beethoven (1770-1827)
poem by K. F. Herrosee (1764-1821)

Ich liebe dich, so wie du mich, Am Abend und am Morgen, Noch war kein Tag, wo du und ich Nicht teilten uns're Sorgen.	*I love you, as you love me,* *in the evening and in the morning;* *there was not a single day when you and I* *did not share our troubles.*
Auch waren sie für dich und mich Geteilt leicht zu ertragen; Du tröstetest im Kummer mich, Ich weint in deine Klagen.	*And for you and me they were,* *when shared, easy to bear;* *you comforted me in my grief,* *I wept in your distress.*
Drum Gottes Segen über dir, Du meines Lebens Freude. Gott schütze dich, erhalt' dich mir, Schütz' und erhalt' uns beide.	*So God's blessing be on you,* *joy of my life.* *God protect you and keep you for me,* *protect and keep us both.*

Ich liebe dich
ıç 'liː bə dıç

Ich   liebe   dich,   so   wie   du   mich,
ıç   'liː bə   dıç   zoː   viː   duː   mıç

am   Abend   und   am   Morgen,
am   'aː bənt   ʊnt   am   'mɔr gən

noch   war   kein   Tag,   wo   du   und   ich
nɔχ   waːr   kae͡n   taːk   woː   duː   ʊnt   ıç

nicht   teilten   uns're   Sorgen.
nıçt   'tae͡l tən   'ʊn zrə   'zɔr gən

Auch   waren   sie   für   dich   und   mich
ao͡χ   'vaː rən   ziː   fyːr   dıç   ʊnt   mıç

geteilt   leicht   zu   ertragen;
gə 'tae͡lt   lae͡çt   tsuː   ɛʁ 'traː gən

du   tröstetest   im   Kummer   mich,
duː   'trøː stə təst   ım   'kʊ mər   mıç

ich   weint   in   deine   Klagen.
ıç   vae͡nt   ın   dae͡ nə   'klaː gən

Drum   Gottes   Segen   über   dir,
drʊm   'gɔ təs   'zeː gən   'yː bəʁ   diːr

du   meines   Lebens   Freude.
duː   'mae͡ nəs   'leː bəns   'frɔø͡ də

Gott   schütze   dich,   erhalt'   dich   mir,
gɔt   'ʃʏt sə   dıç   ɛr 'halt   dıç   miːr

schütz'   und   erhalt'   uns   beide.
ʃʏts   ʊnt   ɛr 'halt   ʊns   'bae͡ də

ICH LIEBE DICH

K. F. Herrosee
original key: G major

Ludwig van Beethoven

Andante

Ich lie - be dich, so wie du mich, am A - bend und am

Mor - gen, noch __ war kein Tag, wo du und ich nicht teil - ten uns' - re __

Sor - gen.   Auch __ wa - ren sie für

dich und mich ge - teilt leicht zu__ er - tra - gen; du

trö - ste - test im Kum - mer mich, ich__ weint in dei - ne Kla - gen, in

dei - ne Kla - gen. Drum__ Got - tes Se - gen ü - ber dir, du

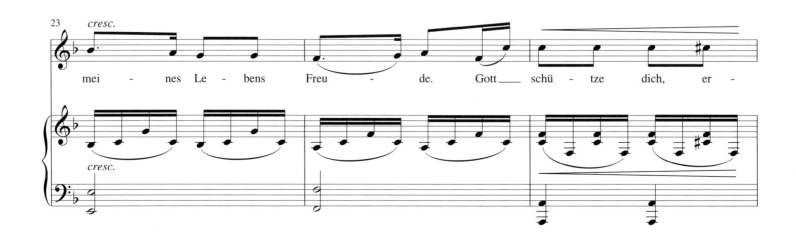

mei - nes Le - bens Freu - de. Gott__ schü - tze dich, er -

Vergebliches Ständchen
Futile Serenade

music by Johannes Brahms (1833-1897)
poem by Anton Wilhelm Florentin von Zuccalmagilio (1803-1869)

(Er)
Guten Abend, mein Schatz,
Guten Abend, mein Kind!
Ich komm aus Lieb zu dir,
Ach, mach mir auf die Tür!

(He)
Good evening, my darling,
good evening, my dear!
I'm here out of love for you;
ah, open the door for me!

(Sie)
Mein Tür ist verschlossen,
Ich laß dich nicht ein;
Mutter, die rät mir klug,
Wärst du herein mit Fug,
Wärs mit mir vorbei!

(She)
My door is locked;
I will not let you in.
Mother counseled me wisely
that if you were permitted to come in
it would be all over for me!

(Er)
So kalt ist die Nacht,
So eisig der Wind,
Daß mir das Herz erfriert,
Mein Lieb erlöschen wird,
Öffne mir, mein Kind!

(He)
So cold is the night,
so icy the wind,
that my heart is freezing;
my love will be extinguished.
Open for me, my dear!

(Sie)
Löschet dein Lieb,
Laß sie löschen nur!
Löschet sie immerzu,
Geh heim zu Bett, zur Ruh,
Gute Nacht, mein Knab!

(She)
If your love is being extinguished,
just let it go out!
If it keeps going out,
go home to bed, to sleep!
Good night, my lad!

Vergebliches   Ständchen
fɛr ˈgeːp lɪ çəs   ˈʃtɛnt çən

Guten	Abend,	mein	Schatz,	guten	Abend,	mein	Kind!
ˈguː tən	ˈɑː bənt	ma͡en	ʃats	ˈguː tən	ˈɑː bənt	ma͡en	kɪnt

Ich	komm	aus	Lieb	zu	dir,	ach,	mach	mir	auf	die	Tür!
ɪç	kɔm	a͡os	liːp	tsuː	diːʁ	aχ	maχ	miːr	a͡of	di	tyːr

Mein	Tür	ist	verschlossen,	ich	laß	dich	nicht	ein;
ma͡en	tyːr	ɪst	fɛʁ ˈʃlɔ sən	ɪç	las	dɪç	nɪçt	a͡en

Mutter,	die	rät	mir	klug,	wärst	du	herein	mit	Fug,
ˈmʊ təʁ	di	rɛːt	miːʁ	kluːk	vɛːrst	duː	hɛ ˈra͡en	mɪt	fuːk

wärs	mit	mir	vorbei!
vɛːrs	mɪt	mir	voːr ˈba͡e

So	kalt	ist	die	Nacht,	so	eisig	der	Wind,
zoː	kalt	ɪst	di	naχt	zo	ˈa͡e zɪç	deʁ	vɪnt

daß	mir	das	Herz	erfriert,	mein	Lieb	erlöschen	wird.
das	mir	das	hɛrts	ɛʁ ˈfriːrt	ma͡en	liːp	ɛr ˈlœ ʃən	vɪrt

Öffne	mir,	mein	Kind!
ˈœf nə	miːr	ma͡en	kɪnt

Löschet	dein	Lieb,	laß	sie	löschen	nur!
ˈlœ ʃət	da͡en	liːp	las	ziː	ˈlœ ʃən	nuːr

Löschet	sie	immerzu,	geh	heim	zu	Bett,	zur	Ruh.
ˈlœ ʃət	ziː	ˈɪ məʁ tsuː	geː	ha͡em	tsuː	bɛt	tsuːr	ruː

Gute	Nacht,	mein	Knab!
ˈguː tə	naχt	ma͡en	knɑːp

VERGEBLICHES STÄNDCHEN

Anton Willhelm Florentin von Zuccalmaglio
original key: A major

Johannes Brahms

(Sie)

Mein__ Tür__ ist ver - schlos - sen, ich laß__ dich nicht ein,

ich laß__ dich nicht ein; Mut - ter, die

rät mir__ klug, wärst du her - ein mit__ Fug, wärs mit mir vor - bei,

wärs mit mir, wärs mit mir, wärs mit mir__ vor - bei!

So— kalt— ist die Nacht,— so ei - sig der Wind,

so ei - sig der Wind, daß mir das

Herz er - friert, mein Lieb er - lö - schen— wird, öff - ne mir, mein Kind,

Lebhafter

öff - ne mir, öff-ne mir, öff-ne mir,— mein Kind!

(Sie)

Lö - schet dein Lieb,__ laß sie lö - schen nur,

laß sie lö - schen nur! Lö - schet sie im - mer - zu,

geh heim zu Bett, zur__ Ruh, gu - te Nacht, mein Knab, gu - te Nacht,

gu - te Nacht, gu - te Nacht, mein Knab!

Mondnacht
Moonlit Night

music by Johannes Brahms (1833-1897)
poem by Joseph Karl Benedickt von Eichendorrf (1788-1857)

Es war, als hätt der Himmel	*It was as though heaven*
Die Erde still geküßt,	*had quietly kissed the earth*
Daß sie im Blütenschimmer	*so that it, in blossoming lustre,*
Von ihm nur träumen müßt.	*must dream only heavenly dreams.*
Die Luft ging durch die Felder,	*The breeze blew through the fields;*
Die Ähren wogten sacht,	*the corn stalks swayed gently;*
Es rauschten leis die Wälder,	*the forests rustled softly,*
So sternklar war die Nacht.	*so starbright was the night.*
Und meine Seele spannte	*And my soul spread*
Weit ihre Flügel aus,	*wide its wings, and*
Flog durch die stillen Räume,	*took flight through the quiet expanses*
Als flöge sie nach Haus.	*as though it were flying home.*

Mondnacht
ˈmoːnt naχt

Es   war,   als   hätt   der   Himmel
ɛs   vaːr   als   hɛt   deʁ   ˈhɪ məl

die   Erde   still   geküßt,
di   ˈeːr də ʃtɪl   gə ˈkʏst

daß   sie   im   Blütenschimmer
das   ziː   ɪm   ˈblyː tən ˌʃɪ mər

von   ihm   nur   träumen   müßt.
fɔn   iːm   nur   ˈtrɔ͜ø mən mʏst

Die   Luft   ging   durch   die   Felder,
di   lʊft   gɪŋ   dʊrç   di   ˈfɛl dər

die   Ähren   wogten   sacht,
di   ˈɛː rən ˈvoːk tən zaχt

es   rauschten   leis   die   Wälder,
ɛs   ˈra͜oʃ tən   la͜es   di   ˈvɛl dər

so   sternklar   war   die   Nacht.
zoː   ˈʃtɛrn klaːr vaːr   di   naχt

Und   meine   Seele   spannte
ʊnt   ˈma͜e nə   ˈseː lə   ˈʃpan tə

weit   ihre   Flügel   aus,
va͜et   ˈiː rə   ˈflyː gəl a͜os

flog   durch   die   stillen   Räume,
floːk   dʊrç   di   ˈʃtɪ lən   ˈrɔ͜ø mə

als   flöge   sie   nach   Haus.
als   ˈfløː gə   ziː   naːχ   ha͜os

MONDNACHT

Joseph Karl Benedickt von Eichendorff
original key: A-flat major

Johannes Brahms

1. Es

war,___ als hätt___ der Him - mel die Er - de still ge-
Luft___ ging durch___ die Fel - der, die Äh - ren wog - ten

küßt, daß sie___ im Blü - ten - schim - mer, von
sacht, es rausch - ten leis___ die Wäl - der, so

Für Musik
For Music

music by Robert Franz (1815-1892)
poem by Emanuel Geibel (1815-1844)

Nun die Schatten dunkeln,	*Now the shadows darken,*
Stern an Stern erwacht.	*Stars on stars awake.*
Welch ein Hauch der Sehnsucht flutet	*What a breath of longing floods*
durch die Nacht.	*through the night.*
Durch das Meer der Träume	*Through the sea of dreams*
Steuert ohne Ruh',	*steering without rest,*
Steuert meine Seele	*steering my soul*
Deiner Seele zu.	*towards your soul.*
Die sich dir ergeben,	*It shows itself to you,*
Nimm sie ganz dahin!	*capturing you whole completely!*
Ach, du weisst, daß nimmer	*Ah, you know, that never*
Ich mein eigen bin,	*I am my own,*
Mein eigen bin.	*am my own.*

Für   Musik
fyːr   mu ˈziːk

Nun   die   Schatten   dunkeln,   Stern   an   Stern   erwacht.
nʊn   di   ˈʃa tən   ˈdʊŋ kəln   ʃtɛrn   an   ʃtɛrn   ɛr ˈwaχt

Welch   ein   Hauch   der   Sehnsucht   flutet   durch   die   Nacht.
vɛlç   a͜en   ha͜oχ   deːr   ˈseːn sʊχt   ˈfluː tət   dʊrç   di   naχt

Durch   das   Meer   der   Träume   steuert   ohne   Ruh',
dʊrç   das   meːr   deːʁ   ˈtrɔø mə   ˈʃtɔø ərt   ˈoː nə   ruː

steuert   meine   Seele   deiner   Seele   zu.
ˈʃtɔø ərt   ˈma͜e ne   ˈzeː lə   ˈda͜e nər   ˈzeː lə   tsu

Die   sich   dir   ergeben,   nimm   sie   ganz   dahin!
diː   zɪç   diːr   ɛr ˈgeː bən   nɪm   siː   gants   da ˈhɪn

Ach,   du   weisst,   daß   nimmer   ich   mein   eigen   bin.
aχ   duː   va͜est   das   ˈnɪ mər   ɪç   ma͜en   ˈa͜e gən   bɪn

FÜR MUSIK

Emanuel Geibel
original key: G-flat major

Robert Franz

Andante molto sostenuto

Nun die Schat - ten dun - keln, Stern an Stern er - wacht.

p il canto molto espress.

Welch ein Hauch der Sehn - sucht flu - tet durch die Nacht.

cresc.

Durch das Meer der Träu - me steu - ert oh - ne Ruh',

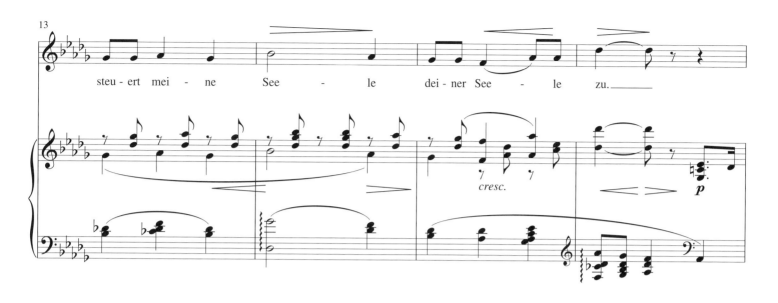

steu-ert mei - ne See - le dei-ner See - le zu.

Die sich dir er - ge - ben, nimm sie ganz da - hin!

Ach, du weisst, daß nim - mer ich mein ei - gen bin, mein ei - gen bin.

Das Veilchen
The Violet

music by Wolfgang Amadeus Mozart (1756-1791)
poem by Johann Wolfgang von Goethe (1749-1832)

Ein Veilchen auf der Wiese stand,	A violet stood in the meadow,
Gebückt in sich und unbekannt;	cowering and unseen;
Es war ein herzigs Veilchen.	it was a charming violet.
Da kam ein' junge Schäferin	There came a young shepherdess,
Mit leichtem Schritt und munterm Sinn	with a light step and a cheerful heart
Daher, daher,	that way, that way,
Die Wiese her und sang.	along the meadow and sang.
»Ach,« denkt das Veilchen, »wär' ich nur	"Ah," thinks the violet, "were I only
Die schönste Blume der Natur,	the most beautiful flower in nature,
Ach, nur ein kleines Weilchen,	ah, only for a little while,
Bis mich das Liebchen abgepflückt	until the sweetheart plucked me
Und an dem Busen matt gedrückt,	and on her bosom pressed me flat,
Ach nur, ach nur	ah only, ah only
Ein Viertelstündchen lang!«	for a quarter-hour!"
Ach! Aber ach! das Mädchen kam	Ah! but alas! the girl came
Und nicht in acht das Veilchen nahm,	and did not take notice of the violet,
Ertrat das arme Veilchen.	trampled on the poor violet.
Es sank und starb und freut' sich noch:	It sank and died, yet rejoiced for itself:
»Und sterb' ich denn, so sterb' ich doch	"And if I die, at least I die
Durch sie, durch sie,	because of her, because of her,
Zu ihren Füßen doch.«	right at her feet."
Das arme Veilchen!	The poor violet!
Es war ein herzigs Veilchen.	It was a charming violet.

Das   Veilchen
das   'fae͡l çən

Ein	Veilchen	auf	der	Wiese	stand,
ae͡n	'fae͡l çən	a͡of	deːr	'viː zə	ʃtant

gebückt	in	sich	und	unbekannt;
ge 'bʏkt	ɪn	zɪç	ʊnt	'ʊn bə kant

es	war	ein	herzigs	Veilchen.
ɛs	vaːr	ae͡n	'hɛr tsɪçs	'fae͡l çən

Da	kam	ein'	junge	Schäferin
dɑː	kɑːm	ae͡n	'jʊ ŋə	'ʃɛː fə rɪn

mit	leichtem	Schritt	und	munterm	Sinn
mɪt	'lae͡ç təm	ʃrɪt	ʊnt	'mʊn tərm	zɪn

daher,	die	Wiese	her	und	sang.
da 'heːr	di	'viː zə	heːr	ʊnt	zaŋ

» Ach, «	denkt	das	Veilchen,	» wär'	ich	nur
aχ	dɛnkt	das	'fae͡l çən	veːr	ɪç	nuːr

die	schönste	Blume	der	Natur,
di	'ʃøːn stə	'bluː mə	deːʁ	na 'tuːr

ach,	nur	ein	kleines	Weilchen,
aχ	nuːr	ae͡n	'kla͡e nəs	'vae͡l çən

bis	mich	das	Liebchen	abgepflückt
bɪs	mɪç	das	'liːp çən	'ap gə ˌpflʏkt

und	an	dem	Busen	matt	gedrückt,
ʊnt	an	deːm	'buː zən	mat	gə 'drʏkt

ach	nur	ein	Viertelstündchen	lang! «
aχ	nuːr	ae͡n	'fɪr təl ˌʃtʏt çən	laŋ

Ach!	Aber	ach!	das	Mädchen	kam
aχ	'aː bəʁ	aχ	das	'mɛːt çən	kaːm

und	nicht	in	acht	das	Veilchen	nahm,
ʊnt	nɪçt	ɪn	aχt	das	'fae͡l çən	naːm

ertrat	das	arme	Veilchen.
ɛʁ 'traːt	das	'ar mə	'fae͡l çən

Es	sank	und	starb	und	freut'	sich	noch:
ɛs	zaŋk	ʊnt	ʃtarp	ʊnt	fro͡et	zɪç	nɔχ

» Und	sterb' ich	denn,	so	sterb' ich	doch
ʊnt	ʃterb ɪç	dɛn	zoː	ʃterb ɪç	dɔχ

durch	sie,	zu	ihren	Füßen	doch. «
dʊrç	ziː	tsuː	'iː rən	'fyː sən	dɔχ

Das	arme	Veilchen!	Es	war	ein	herzigs	Veilchen.
das	'ar mə	'fae͡l çən	ɛs	vaːr	ae͡n	'hɛr tsɪçs	'fae͡l çən

DAS VEILCHEN

Johann Wolfgang von Goethe
original key: G major

Wolfgang Amadeus Mozart

Ein Veil-chen auf der

Wie - se stand, ge-bückt in sich und un-be-kannt; es war ein

her - zigs Veil - chen. Da kam ein' jun-ge Schä - fe-ren mit

leich - tem Schritt und mun - term Sinn da - her, da - her, die Wie - se__

her und__ sang.

»Ach!« denkt das Veil - chen,__

»wär' ich__ nur die schön - ste Blu - me der Na - tur, ach nur__

ein klei- nes Weil- chen, bis mich das Lieb- chen ab - ge- pflückt und

an dem Bu- sen matt - ge- drückt, ach nur, ach nur ein

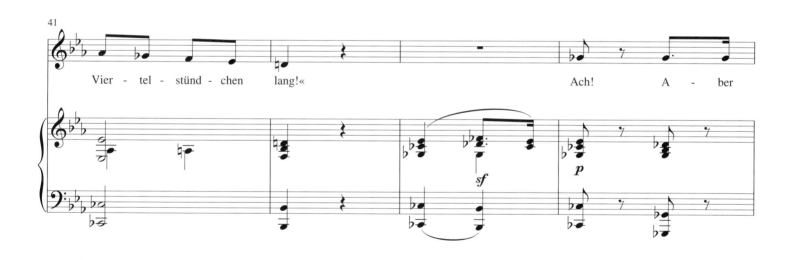

Vier - tel - stünd - chen lang!« Ach! A - ber

ach! das Mäd - chen kam und nicht in acht das Veil - chen

nahm, er - trat_____ das ar - me Veil - chen. Es sank__ und

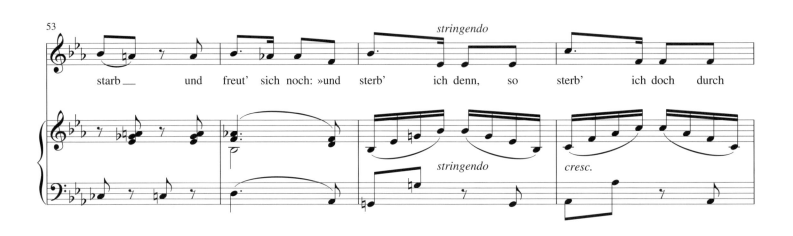

starb___ und freut' sich noch: »und sterb' ich denn, so sterb' ich doch durch

sie! durch sie!_____ zu ih - ren Fü - - ßen__ doch!«

Das ar - me Veil - chen! Es war ein her - zigs Veil - chen.

Rastlose Liebe
Restless Love

music by Franz Schubert (1797-1828)
poem by Johann Wolfgang von Goethe (1749-1832)

Dem Schnee, dem Regen,	*Against the snow, the rain,*
Dem Wind entgegen,	*the wind,*
Im Dampf der Klüfte,	*in the mist of the ravines,*
Durch Nebeldüfte,	*through foggy vapors,*
Immer zu, immer zu,	*ever onward, ever onward,*
Ohne Rast und Ruh!	*without repose or rest!*
Lieber durch Leiden	*Rather through suffering*
Möcht' ich mich schlagen,	*would I fight my way.*
Als so viel Freuden	*than to bear*
Des Lebens ertragen!	*so much of life's joy!*
Alle das Neigen	*All the inclining*
Von Herzen zu Herzen,	*of heart to heart-*
Ach, wie so eigen	*ah, how it in its own way*
Schaffet das Schmerzen!	*creates pain!*
Wie soll ich fliehn?	*How shall I flee?*
Wälderwärts ziehn!	*Go toward the forest?*
Alles vergebens!	*All in vain!*
Krone des Lebens,	*Crown of life,*
Glück ohne Ruh,	*happiness without rest,*
Liebe, bist du!	*love, are you!*

Rastlose **Liebe**
'rast lo: zə   'li: bə

Dem   Schnee,   dem   Regen,   dem   Wind   entgegen,
dem   ʃne: dem   're: gən   dem   vɪnt   ɛnt 'ge: gən

im   Dampf   der   Klüfte,   durch   Nebeldüfte,
ɪm   dampf   de:ʁ   'klʏf tə   dʊrç   'ne: bəl ˌdʏf tə

immer   zu,   ohne   Rast   und   Ruh!
'ɪ mʁ   tsu: 'o: nə   rast   ʊnt   ru:

Lieber   durch   Leiden   möcht'   ich   mich   schlagen,
'li: bəʁ   dʊrç   'laͤe dən   mœçt   ɪç   mɪç   'ʃla: gən

als   so   viel   Freuden   des   Lebens   ertragen!
als   zo: fi:l   'frͨɔe dɔn   dɛs   'le: bəns   ɛr 'tra: gən

Alle   das   Neigen   von   Herzen   zu   Herzen,
'a lə   das   'naͤe gən   fɔn   'her tsən   tsu: 'her tsən

ach,   wie   so   eigen   schaffet   das   Schmerzen!
aχ   vi: zo: 'aͤe gən   'ʃa fət   das   'ʃmer tsən

Wie   soll   ich   fliehn?   Wälderwärts   ziehn!
vi: zɔl   ɪç   fli:n   'vɛl dəʁ verts   tsi:n

Alles   vergebens!   Krone   des   Lebens,
'a ləs   fɛʁ 'ge: bəns   'kro: ne   des   'le: bəns

Glück   ohne   Ruh,   Liebe,   bist   du,
glʏk   'o: nə   ru: 'li: bə   bɪst   du:

o   Liebe,   bist   du!
o: 'li: bə   bɪst   du:

RASTLOSE LIEBE

Johann Wolfgang von Goethe
original keys: E major and D major from two autograph sources

Franz Schubert

Her - zen, ach, wie so ei - gen schaf - fet das

Schmer - zen! Wie soll ich fliehn? Wäl - der - wärts

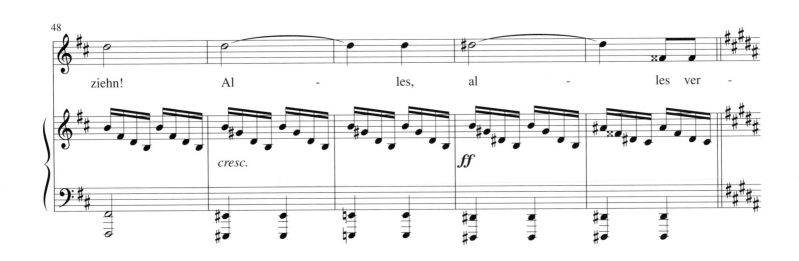

ziehn! Al - les, al - les ver -

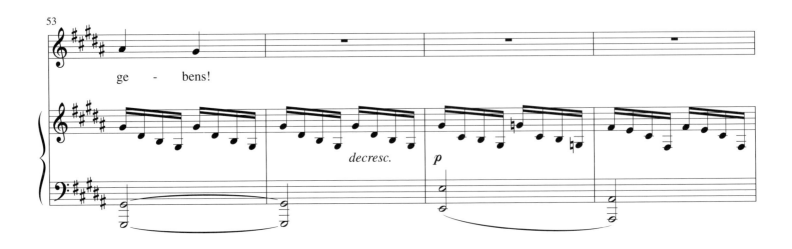

ge - bens!

Abendstern
Evening Star

music by Franz Schubert (1797-1828)
poem by Johann Baptist Mayrhofer (1787-1836)

Was weilst du einsam an dem Himmel,	*Why stay you alone in the heaven,*
O schöner Stern? und bist so mild;	*oh beautiful star? And you are so gentle—*
Warum entfernt das funkelnde Gewimmel	*why distances the sparkling multitude*
Der Brüder sich von deinem Bild?	*of brothers from your visage?*
»Ich bin der Liebe treuer Stern,	*"I am the true star of love;*
Sie halten sich von Liebe fern.«	*they keep themselves distant from love."*
So solltest du zu ihnen gehen,	*Then you should go to them,*
Bist du der Liebe, zaudre nicht!	*if you are love; delay not!*
Wer möchte denn dir widerstehen?	*Who would want, then, to resist you?*
Du süßes, eigensinnig Licht.	*You sweet, headstrong light!*
»Ich säe, schaue keinen Keim,	*"I sow, behold no sprout,*
Und bleibe trauernd still daheim.«	*and remain, mourning silently, here."*

Abendstern
ˈɑː bɛnt ˌʃtɛrn

Was	weilst	du	einsam	an	dem	Himmel,
vas	vae͡lst	duː	ˈae͡n zɑːm	an	dem	ˈhɪ məl

o	schöner	Stern?	und	bist	so	mild;
oː	ˈʃø nɐ	ʃtɛrn	ʊnt	bɪst	zoː	mɪlt

warum	entfernt	das	funkelnde	Gewimmel
va ˈrʊm	ɛnt ˈfɛrnt	das	ˈfʊŋ kəl də	gə ˈvɪ məl

der	Brüder	sich	von	deinem	Bild?
deːʁ	ˈbryː dər	zɪç	fɔn	ˈdae͡ nəm	bɪlt

» Ich	bin	der	Liebe	treuer	Stern,
ɪç	bɪn	deːʁ	ˈliː bə	ˈtrɔø͡ ər	ʃtɛrn

sie	halten	sich	von	Liebe	fern. «
ziː	ˈhal tən	zɪç	fɔn	ˈliː bə	fɛrn

So	solltest	du	zu	ihnen	gehen,
zoː	ˈzɔl təst	duː	tsuː	ˈiː nən	ˈgeː ən

bist	du	der	Liebe,	zaudre	nicht!
bɪst	duː	deːʁ	ˈliː bə	ˈtsao͡ drə	nɪçt

Wer	möchte	denn	dir	widerstehen?
veːr	ˈmœç tə	dɛn	diːr	ˈviː dər ˌʃteː ən

Du	süßes,	eigensinnig	Licht.
duː	ˈzyː səs	ˈae͡ gən ˌzɪn ɪç	lɪçt

» Ich	säe,	schaue	keinen	Keim,
ɪç	ˈzeː ə	ˈʃao͡ ə	ˈkae͡ nən	kae͡m

und	bleibe	trauernd	still	daheim. «
ʊnt	ˈblae͡ bə	ˈtrao͡ ərnt	ʃtɪl	da ˈhae͡m

ABENDSTERN

Johann Baptist Mayrhofer
original key: A minor

Franz Schubert

Etwas schneller

fern.« So soll-test du zu ih-nen ge - hen, bist du der

Lie - be, zau-dre nicht! Wer möch-te denn dir wi-der - ste - hen? du sü-ßes,

ei - gen-sin-nig Licht. »Ich sä - e, schau - e kei-nen

Keim,__ und blei-be trau - ernd still__ da - heim.«

SELIGKEIT

Ludwig Christoph Heinrich Hölty
original key: F major

Franz Schubert

Freu - den son - der Zahl blühn im Him - mels - saal
Je - dem lä - chelt traut ei - ne Him - mels - braut;
Lie - ber bleib ich hier, lä - chelt Lau - ra mir

The English and IPA translations appear on page 38.

En - geln und Ver - klär - ten, wie die Vä - ter
Harf und Psal - ter klin - get, und man tanzt und
ei - nen Blick, der sa - get, dass ich aus - ge -

lehr - ten. O da möcht ich sein, und mich
sin - get. O da möcht ich sein, und mich
kla - get. Se - lig dann mit ihr, bleib ich

e - wig freun, und mich e - wig freun!
e - wig freun, und mich e - wig freun!
e - wig hier, bleib ich e - wig hier!

Seligkeit
Bliss

music by Franz Schubert (1797-1828)
poem by Ludwig Christoph Heinrich Hölty (1748-1776)

Freuden sonder Zahl	*Joys without number*
Blühn im Himmelssaal	*bloom in heaven's hall*
Engeln und Verklärten,	*for angels and transfigured ones,*
Wie die Väter lehrten.	*as our fathers taught.*
O da möcht ich sein,	*Oh, there should I like to be,*
Und mich ewig freun!	*and forever rejoice!*
Jedem lächelt traut	*Upon everyone smiles intimately*
Eine Himmelsbraut;	*a heavenly bride;*
Harf und Psalter klinget,	*harp and psalter sound,*
Und man tanzt und singet.	*and one dances and sings.*
O da möcht ich sein,	*Oh, there should I like to be,*
Und mich ewig freun!	*and forever rejoice!*
Lieber bleib ich hier,	*Rather will I stay here,*
Lächelt Laura mir	*if Laura smiles upon me*
Einen Blick, der saget,	*a glance which says*
Dass ich ausgeklaget.	*that I've been freed from complaining.*
Selig dann mit ihr,	*Blissful then with her*
Bleib ich ewig hier!	*will I remain forever here!*

Seligkeit
ˈzeː lɪç ka͡et

Freuden	sonder	Zahl	blühn	im	Himmelssaal
ˈfrɔ͡ø dən	ˈzɔn dər	tsɑːl	blyːn	ɪm	ˈhɪm əls ˌzɑːl

Engeln	und	Verklärten,	wie	die	Väter	lehrten.
ˈɛ ŋəln	ʊnt	fɛr ˈklɛːr tən	viː	di	ˈfɛː təʁ	ˈleːr tən

O	da	möcht	ich	sein,	und	mich	ewig	freun!
oː	dɑː	mœçt	ɪç	za͡en	ʊnt	mɪç	ˈeː vɪç	frɔ͡øn

Jedem	lächelt	traut	eine	Himmelsbraut;
ˈjeː dəm	ˈlɛ çəlt	tra͡ot	ˈa͡e nə	ˈhɪ mels ˌbra͡ot

Harf	und	Psalter	klinget,	und	man	tanzt	und	singet.
harf	ʊnt	ˈpsal tər	ˈklɪ ŋət	ʊnt	man	tanst	ʊnt	ˈzɪ ŋət

O	da	möcht	ich	sein,	und	mich	ewig	freun!
oː	dɑː	mœçt	ɪç	za͡en	ʊnt	mɪç	ˈeː vɪç	frɔ͡øn

Lieber	bleib ich	hier,	lächelt	Laura	mir
ˈliː bər	bla͡eb ɪç	hiːr	ˈlɛ çəlt	ˈla͡o ra	miːr

einen	Blick,	der	saget,	dass	ich	ausgeklaget.
ˈa͡e nən	blɪk	deːr	ˈzɑː gət	das	ɪç	ˈa͡os gə ˌklɑː gət

Selig	dann	mit	ihr,	bleib ich	ewig	hier!
ˈzeː lɪç	dan	mɪt	iːr	bla͡eb ɪç	ˈeː vɪç	hiːr

Die Lotosblume
The Lotus Flower

music by Robert Schumann (1810-1856)
poem by Heinrich Heine (1797-1856)

Die Lotosblume ängstigt	*The lotus flower is afraid*
Sich vor der Sonne Pracht,	*of the sun's splendor,*
Und mit gesenktem Haupte	*and with bowed head,*
Erwartet sie träumend die Nacht.	*dreaming, she awaits the night.*
Der Mond, der ist ihr Buhle,	*The moon, he is her lover;*
Er weckt sie mit seinem Licht,	*he wakes her with his light,*
Und ihm entschleiert sie freundlich	*and to him she happily unveils*
Ihr frommes Blumengesicht.	*her innocent flower face.*
Sie blüht und glüht und leuchtet,	*She blooms and glows and gleams,*
Und starret stumm in die Höh';	*and gazes silently upward;*
Sie duftet und weinet und zittert	*she sends forth her fragrance and weeps and trembles*
Vor Liebe und Liebesweh'.	*with love and love's pain.*

Die   Lotosblume
di   'lo: tɔs ˌblu: mə

Die   Lotosblume   ängstigt
di   'lo: tɔs ˌblu: mə   'ɛŋ stɪçt

sich   vor   der   Sonne   Pracht,
sɪç   fo:ʁ   de:r   'zɔ nə   praχt

und   mit   gesenktem   Haupte
ʊnt   mɪt   gə 'zɛŋk təm   'hɑ͡op tə

erwartet   sie   träumend   die   Nacht.
ɛr 'war tət   zi: 'trɔ͡ø mənt   di   naχt

Der   Mond,   der   ist   ihr   Buhle,
deʁ   mo:nt   de:r   ɪst   i:r   'bu: lə

er   weckt   sie   mit   seinem   Licht,
e:r   vɛkt   zi: mɪt   'za͡e nəm   lɪçt

und   ihm   entschleiert   sie   freundlich
ʊnt   i:m   ɛnt 'ʃla͡e əʁt   zi: 'frɔ͡øt lɪç

ihr   frommes   Blumengesicht.
i:r   'frɔ məs   'blu: mən gə ˌzɪçt

Sie   blüht   und   glüht   und   leuchtet,
zi: bly:t   ʊnt   gly:t   ʊnt   'lɔ͡øç tət

und   starret   stumm   in   die   Höh';
ʊnt   'ʃta rət   ʃtʊm   ɪn   di   hø:

sie   duftet   und   weinet   und   zittert
zi: 'dʊf tət   ʊnt   'va͡e nət   ʊnt   'tsɪ təʁt

vor   Liebe   und   Liebesweh'.
fo:r   'li: bə   ʊnt   'li: bəs ˌve:

DIE LOTOSBLUME

Heinrich Heine

Robert Schumann

original key: F major

Die Lo - tos - blu - me äng - stigt sich vor der Son - ne Pracht, und mit ge - senk - tem Haup - te er - war - tet sie träu - mend die Nacht. Der Mond der ist ihr Buh - le, er weckt sie mit sei - nem Licht, und

ihm ent-schlei - ert sie freund - lich ihr from - mes Blu-men-ge - sicht. Sie

nach und nach schneller

blüht und glüht und leuch - tet, und star - ret stumm in die

nach und nach schneller

rit. **p**

Höh';_____ sie duf - tet und wei - net und zit - tert vor

rit.

rit.

Lie - be und Lie - bes-weh', vor Lie - be und Lie - bes- weh'.

p

rit.

42

In der Fremde
In a Foreign Land

music by Robert Schumann (1810-1856)
poem by Joseph von Eichendorff (1788-1857)

Aus der Heimat hinter den Blitzen rot	*From my homeland beyond the red lightning*
Da kommen die Wolken her.	*the clouds come rolling in.*
Aber Vater und Mutter sind lange tot,	*But father and mother are long since dead,*
Es kennt mich dort keiner mehr.	*and no one knows me there anymore.*
Wie bald, ach wie bald kommt die stille Zeit,	*How soon, ah, how soon will come that quiet time*
Da ruhe ich auch, und über mir	*when I too shall rest, and above me*
Rauscht die schöne Waldeinsamkeit,	*shall rustle the lovely solitude of the woods,*
Und keiner kennt mich mehr hier.	*and no one here will remember me anymore.*

In   der   Fremde
ɪn   deːr   ˈfrɛm də

Aus   der   Heimat   hinter   den   Blitzen   rot
a͡os   deːr   ˈha͡e maːt   ˈhɪn tər   den   ˈblɪ tsən   roːt

da   kommen   die   Wolken   her.
dɑː   ˈkɔ mən   di   ˈvɔl kən   heːr

Aber   Vater   und   Mutter   sind   lange   tot,
ˈɑː bəʁ   ˈfɑː tər   ʊnt   ˈmʊ tər   zɪnt   ˈla ŋə   toːt

es   kennt   mich   dort   keiner   mehr.
ɛs   kɛnt   mɪç   dɔrt   ˈka͡e nər   meːr

Wie   bald,   ach   wie   bald   kommt   die   stille   Zeit,
viː   balt   aχ   viː   balt   kɔmt   di   ˈʃtɪ lə   tsa͡et

da   ruhe   ich   auch,   und   über   mir
dɑː   ˈruː ə   ɪç   a͡oχ   ʊnt   ˈyː bəʁ   miːr

rauscht   die   schöne   Waldeinsamkeit,
ra͡oʃt   di   ˈʃøː nə   ˈwalt ˌa͡en zɑːm ka͡et

und   keiner   kennt   mich   mehr   hier.
ʊnt   ˈka͡e nər   kɛnt   mɪç   meːr   hiːr

IN DER FREMDE

Joseph von Eichendorff
original key: F-sharp minor

Robert Schumann

Aus der Hei - mat hin - ter den
Bli - tzen rot da kom - men die Wol - ken
her. A - ber Va - ter und Mut - ter sind
lan - ge tot, es kennt mich dort kei - ner

keit, _____ die schö - - ne Wald - ein - sam -

keit, und kei - - ner kennt mich mehr

hier, und kei - ner kennt mich mehr hier.

Liebst du um Schönheit
If You Love for Beauty

music by Clara Wieck Schumann (1819-1896)
poem by Friedrich Rückert (1788-1866)

Liebst du um Schönheit, o nicht mich liebe!	*If you love for beauty, then do not love me!*
Liebe die Sonne, sie trägt ein goldnes Haar!	*Love the sun, with its golden hair!*
Liebst du um Jugend, o nicht mich liebe!	*If you love for youth, then do not love me!*
Liebe den Frühling, der jung ist jedes Jahr!	*Love the spring, which is young every year!*
Liebst du um Schätze, o nicht mich liebe!	*If you love for treasure, then do not love me!*
Liebe die Meerfrau, sie hat viel Perlen klar!	*Love the mermaid, who has many shining pearls!*
Liebst du um Liebe, o ja mich liebe!	*If you love for love, oh then love me!*
Liebe mich immer, dich lieb' ich immerdar!	*Love me always, as I will always love you!*

Liebst	**du**	**um**	**Schönheit**			
li:pst	du:	ʊm	'ʃøːn ha͜et			

Liebst	du	um	Schönheit,	o	nicht	mich	liebe!
li:pst	du:	ʊm	'ʃøːn ha͜et	oː	nɪçt	mɪç	'li: bə

Liebe	die	Sonne,	sie	trägt	ein	goldnes	Haar!
'li: bə	di	'zɔ nə	zi:	trɛːkt	a͜en	'gɔld nəs	haːr

Liebst	du	um	Jugend,	o	nicht	mich	liebe!
li:pst	du:	ʊm	'ju: gənt	oː	nɪçt	mɪç	'li: bə

Liebe	den	Frühling,	der	jung	ist	jedes	Jahr!
'li: bə	den	'fry: lɪŋ	deːʁ	jʊŋ	ɪst	'je: dəs	jaːr

Liebst	du	um	Schätze,	o	nicht	mich	liebe!
li:pst	du:	ʊm	'ʃɛt sə	oː	nɪçt	mɪç	'li: bə

Liebe	die	Meerfrau,	sie	hat	viel	Perlen	klar!
'li: bə	di	'meːr fra͜o	zi:	hat	fi:l	'pɛr lən	klɑːr

Liebst	du	um	Liebe,	o	ja	mich	liebe!
li:pst	du:	ʊm	'li: bə	oː	jɑː	mɪç	'li: bə

Liebe	mich	immer,	dich	lieb' ich	immerdar!
'li: bə	mɪç	'ɪ mər	dɪç	li:b ɪç	'ɪ mər dɑːr

LIEBST DU UM SCHÖNHEIT

Friedrich Rückert
original key

Clara Wieck Schumann

Nicht zu langsam

Liebst du um Schön - heit, o nicht mich lie - be!

Lie - be die Son - ne, sie trägt ein gold' - nes Haar!

Liebst du um Ju - gend, o nicht mich

Lie - be, o ja, ____ mich lie - be!

Liebst du um Lie - be, o ja, mich lie - be! Lie - be mich im - mer,

dich lieb' ich im - - mer - dar.

BREIT' ÜBER MEIN HAUPT

Adolph Friedrich von Schack
original key: G-flat major

Richard Strauss

Breit' ü - ber mein Haupt dein schwar - zes Haar, neig' zu mir dein An - ge-

p molto legato

con Ped.

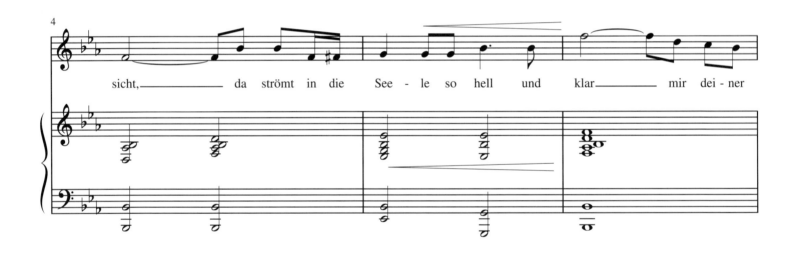

sicht,_____ da strömt in die See - le so hell und klar_____ mir dei - ner

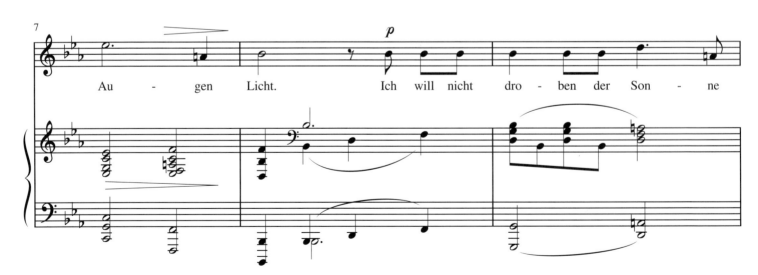

Au - gen Licht. Ich will nicht dro - ben der Son - ne

The English and IPA translations appear on page 52.

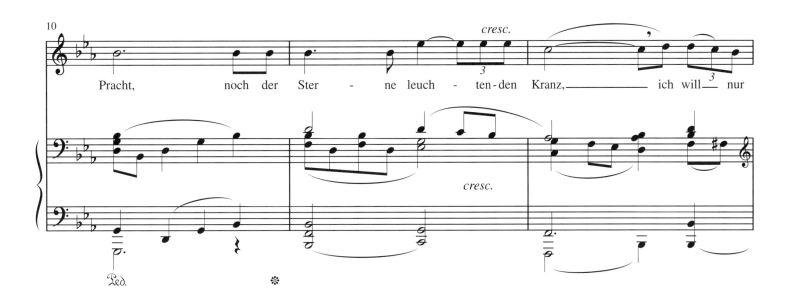

Pracht,   noch der Ster - ne leuch - ten - den Kranz, _____ ich will __ nur

dei - ner Lok - ken Nacht,   und dei - ner Blik - ke

Glanz.

Breit' über mein Haupt
Spread out over my head

music by Richard Strauss (1864-1949)
poem by Adolph Friedrich von Schack (1815-1894)

Breit' über mein Haupt dein schwarzes Haar,
Neig' zu mir dein Angesicht,
Da strömt in die Seele so hell und klar
Mir deiner Augen Licht.
Ich will nicht droben der Sonne Pracht,
Noch der Sterne leuchtenden Kranz,
Ich will nur deiner Locken Nacht,
Und deiner Blicke Glanz.

Spread over my head your black hair,
draw your face closer to me,
there flows into my soul so bright and clear
your eyes' light.
I do not wish for the sun's magnificence above,
nor even the stars' shining garland,
I wish only for the night of your locks,
and the light of your eyes.

Breit'	**über**	**mein**	**Haupt**			
braet	'y: beʁ	maen	haopt			

Breit'	über	mein	Haupt	dein	schwarzes	Haar,
braet	'y: beʁ	maen	haopt	daen	'ʃvar tsəs	hɑːr

neig'	zu	mir	dein	Angesicht,
naek	tsu:	miːr	daen	'aŋ gə zɪçt

da	strömt	in	die	Seele	so	hell	und	klar
da:	ʃtrœmt	ɪn	di	'ze: lə	zo:	hɛl	ʊnt	klɑːr

mir	deiner	Augen	Licht.
miːr	'dae nər	'ao gən	lɪçt

Ich	will	nicht	droben	der	Sonne	Pracht,
ɪç	vɪl	nɪçt	'dro: bən	deːʁ	'zɔ nə	praχt

noch	der	Sterne	leuchtenden	Kranz,
nɔχ	deːʁ	'ʃtɛr nə	'lɔoç tən dən	krants

ich	will	nur	deiner	Locken	Nacht,
ɪç	vɪl	nuːr	'dae nər	'lɔ kən	naχt

und	deiner	Blicke	Glanz.
ʊnt	'dae nər	'blɪ kə	glants

About the Enhanced CD

In addition to piano accompaniments playable on both your CD player and computer, this enhanced CD also includes tempo adjustment and transposition software for computer use only. This software, known as Amazing Slow Downer, was originally created for use in pop music to allow singers and players the freedom to independently adjust both tempo and pitch elements. Because we believe there may be valuable educational use for these features in classical and theatre music, we have included this software as a tool for both the teacher and student. For quick and easy installation instructions of this software, please see below.

In recording a piano accompaniment we necessarily must choose one tempo. Our choice of tempo, phrasing, *ritardandos*, and dynamics is carefully considered. But by the nature of recording, it is only one option.

However, we encourage you to explore your own interpretive ideas, which may differ from our recordings. This new software feature allows you to adjust the tempo up and down without affecting the pitch. Likewise, Amazing Slow Downer allows you to shift pitch up and down without affecting the tempo. We recommend that these new tempo and pitch adjustment features be used with care and insight. Ideally, you will be using these recorded accompaniments and Amazing Slow Downer for practice only.

The audio quality may be somewhat compromised when played through the Amazing Slow Downer. This compromise in quality will not be a factor in playing the CD audio track on a normal CD player or through another audio computer program.

INSTALLATION INSTRUCTIONS:

For Macintosh OS 8, 9 and X:
- Load the CD-ROM into your CD-ROM Drive on your computer.
- Each computer is set up a little differently. Your computer may automatically open the audio CD portion of this enhanced CD and begin to play it.
- To access the CD-ROM features, double-click on the data portion of the CD-ROM (which will have the Hal Leonard icon in red and be named as the book).
- Double-click on the "Amazing OS 8 (9 or X)" folder.
- Double-click "Amazing Slow Downer"/"Amazing X PA" to run the software from the CD-ROM, or copy this file to your hard disk and run it from there.
- Follow the instructions on-screen to get started. The Amazing Slow Downer should display tempo, pitch and mix bars. Click to select your track and adjust pitch or tempo by sliding the appropriate bar to the left or to the right.

For Windows:
- Load the CD-ROM into your CD-ROM Drive on your computer.
- Each computer is set up a little differently. Your computer may automatically open the audio CD portion of this enhanced CD and begin to play it.
- To access the CD-ROM features, click on My Computer then right click on the Drive that you placed the CD in. Click Open. You should then see a folder named "Amazing Slow Downer". Click to open the "Amazing Slow Downer" folder.
- Double-click "setup.exe" to install the software from the CD-ROM to your hard disk. Follow the on-screen instructions to complete installation.
- Go to "Start," "Programs" and find the "Amazing Slow Downer" folder. Go to that folder and select the "Amazing Slow Downer" software.
- Follow the instructions on-screen to get started. The Amazing Slow Downer should display tempo, pitch and mix bars. Click to select your track and adjust pitch or tempo by sliding the appropriate bar to the left or to the right.
- Note: On Windows NT, 2000 and XP, the user should be logged in as the "Administrator" to guarantee access to the CD-ROM drive. Please see the help file for further information.

MINIMUM SYSTEM REQUIREMENTS:

For Macintosh:
Power Macintosh; Mac OS 8.5 or higher; 4 MB Application RAM; 8x Multi-Session CD-ROM drive

For Windows:
Pentium, Celeron or equivalent processor; Windows 95, 98, ME, NT, 2000, XP; 4 MB Application RAM; 8x Multi-Session CD-ROM drive